MEMOIRE
en Images

BELLE-ILE

Dès la création de la ligne Auray-Quiberon, les Chemins de fer d'Orléans firent imprimer des affiches publicitaires vantant Belle-Isle-en-Mer. Des billets à tarif réduit étaient même accordés de la veille des Rameaux au 31 octobre, avec correspondance par bateaux à vapeur de Quiberon à Belle-Isle.

La Maison Anglade, qui s'était fait une spécialité de l'utilisation des algues naturelles dans la décoration, en exposa au Salon officiel des artistes français, en 1907.

MEMOIRE
en Images

BELLE-ILE

Danielle et Pierre Aussanaire

**ALAN
SUTTON**

Editions Alan Sutton
27, Quai de la Prévalaye
35000 Rennes

Première édition juin 1995
Copyright © Danielle et Pierre Aussanaire 1995

ISBN 2-910444-27-9

Dépôt légal : juin 1995.
Imprimé en Grande-Bretagne par
Redwood Books Limited, Trowbridge.

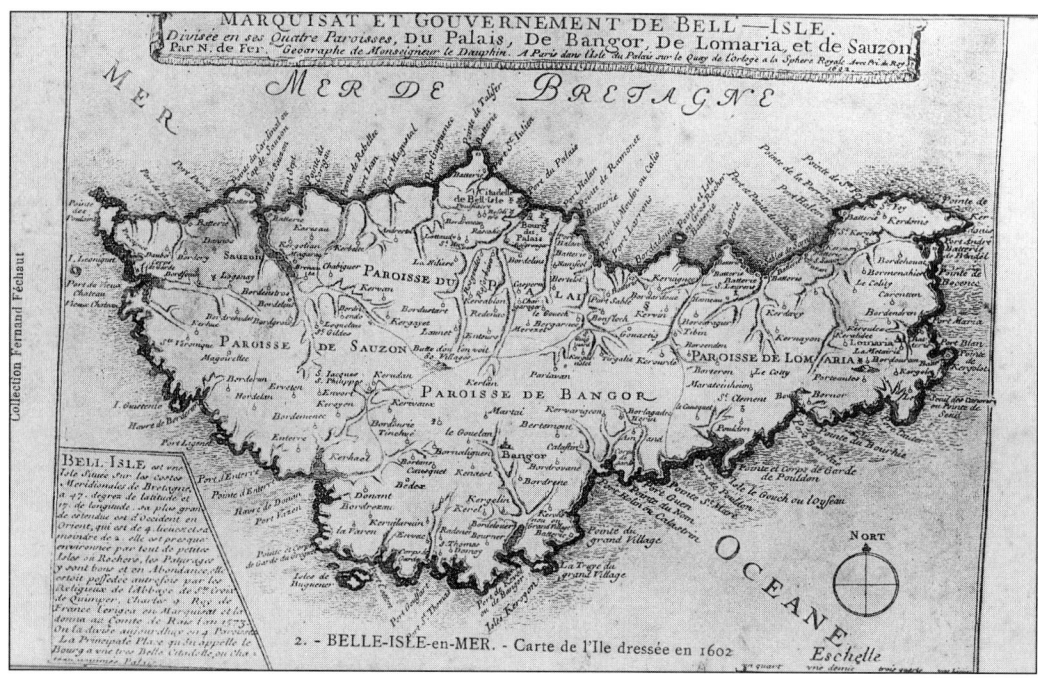

Cette carte, établie en 1692, représente les quatre paroisses de l'île. Son orientation n'est pas très rigoureuse ! (voir carte p 85).

Table des matières

Un couple de mariés de Bangor en 1920.

Introduction

Troisième île de France métropolitaine par sa superficie, Belle-Ile-en-Mer est la plus étendue et la plus peuplée des îles bretonnes. Située dans l'Atlantique, à 14 km au sud de Quiberon, elle s'étend sur 20 km de long (de la pointe de Taillefer à la pointe d'Arzic) et 9 km de large (de Taillefer à Grand Village). Elle occupe environ 85 km2 et possède près de 80 km de côtes.

Contrairement aux îles de Houat et Hoëdic qui sont de nature granitique, Belle-Ile est un plateau schisteux, sillonné d'un grand nombre de vallons, qui culmine à 63 mètres, à Borvran. Elle est formée de 4 communes : Le Palais (port et ville principale), Sauzon, Bangor et Locmaria. Sa population actuelle atteint 4 500 habitants. Mais, à la fin du XIXe siècle, elle en comptait plus de 10 000.

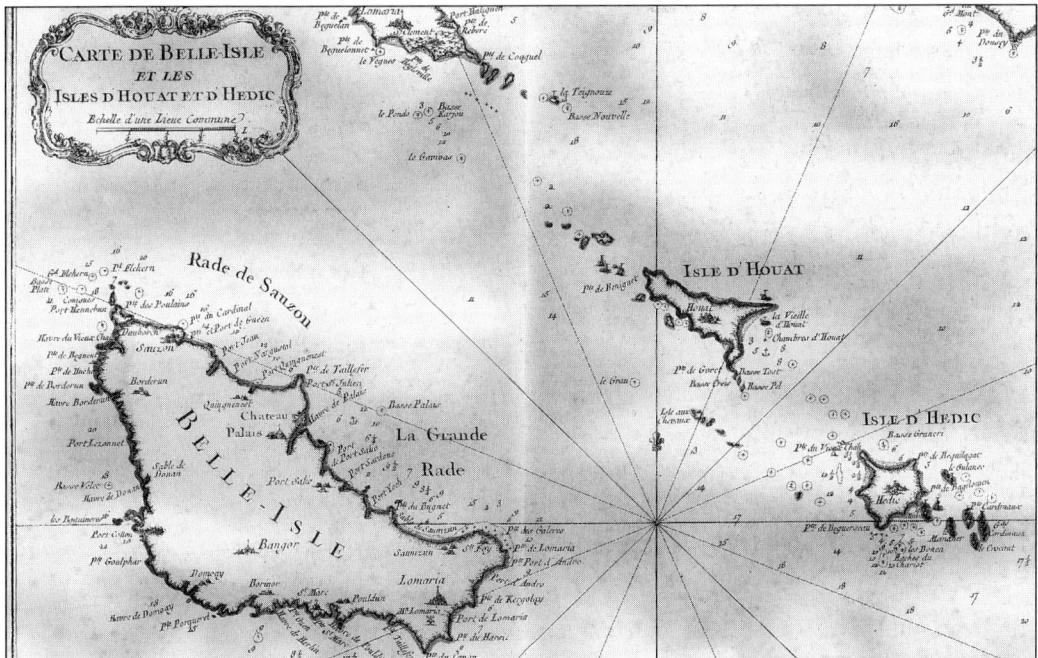

Appelée Vindilis par les Romains, elle devint *Guédel* (*Gwyddel* en gallois) au Moyen Age et *Calonesus* sur les cartes de la Renaissance (*Kalos,* en grec, signifiant beau et *Neços,* île). Mais les Bretons l'appellent *Guerveur* depuis des temps immémoriaux.

Après avoir appartenu aux abbayes de Quimperlé et de Redon, elle devint la propriété de la famille de Gondi, en 1572, pendant le règne de Charles IX. Albert de Gondi fit construire une forteresse et y installa une garnison. Dès cette époque, les Bellilois furent exemptés d'impôts jusqu'en 1757 à condition de travailler gratuitement à l'édification et à l'entretien de la forteresse.

En 1658, les Gondi vendirent leur marquisat au surintendant Fouquet. Bien que n'ayant jamais mis les pieds à Belle-Ile, celui-ci y eut une influence considérable : il améliora le port, donna un essor à la pêche et créa une saline destinée à la salaison du poisson. Sa femme dota l'île d'un hôpital et d'une nouvelle église paroissiale.

A la suite de son arrestation, l'île devint propriété de Louis XIV et, à plusieurs reprises, elle fut attaquée par les flottes anglaises et hollandaises. En 1683, Vauban fut envoyé à Belle-Ile "avec la mission de voir si l'on devait raser ou augmenter les fortifications". Conservant ce qu'il pouvait de la forteresse, il fit raser la moitié du bourg du Palais appelé Haute Boulogne (là où se trouve le Glacis) et, par ses travaux, pensa rendre la citadelle inaccessible aux assiégeants. Puis il fortifia la côte "en-dedans" en y disposant de nombreuses redoutes. Malgré ces fortifications, le chevalier de Sainte-Croix, gouverneur de Belle-Ile, dut capituler en juin 1761 et l'île fut sous la domination anglaise jusqu'au Traité de Paris en 1763. Le gouverneur anglais, Lord Crawford, laissa dans l'île un souvenir de générosité (un village porte d'ailleurs son nom).

En 1765, la population s'accrut de 78 familles acadiennes : colons bretons ou normands établis en Acadie, au Canada, au siècle précédent et qui avaient fui la domination anglaise. Le roi Louis XV accorda à chacune de ces familles une maison et des terres. Ce n'est que sous le Premier Empire que fut érigée la porte Bangor et, sous le Second, la porte Vauban.

Ni l'agriculture, ni l'élevage, ni la pêche n'ont jamais été, pour les Bellilois, sources de grande prospérité. L'insularité, le départ de la garnison, la disparition des conserveries et des chantiers de construction laissaient augurer un déclin économique. Heureusement, une nouvelle activité s'offrait aux Bellilois : le tourisme. Le tourisme, oui, mais quel tourisme ?

I

L'arrivée à Belle-Ile

143 - QUIBERON - La *Ville de Palais* faisant le service entre Quiberon et Belle-Ile, quitte Port-Maria

Coll. F. Becker, photo, Vannes

Depuis très longtemps, un service régulier reliait Auray à Belle-Ile. En 1850, les voiliers assurant cette traversée firent place à un vapeur. La traversée durait 4 heures ! En 1901, apparut une liaison quotidienne Quiberon-Le Palais. La traversée ne dura plus qu'une heure. Mais, par mauvais temps, embarquement et débarquement avaient lieu à Port Haliguen, plus sûr que Port Maria. Construit à Nantes en 1883, le *Ville de Palais* (photo ci-dessus) pouvait transporter 200 passagers. Il appartenait à la Compagnie des Messageries de l'Ouest.

UNION.I
BELLE-ILE

L'*Union I* fut également construit à Nantes, mais en 1896. C'est lui qui transporta les prisonniers allemands de Nantes à Belle-Ile pendant la Première Guerre mondiale.

L'*Union II*, construit l'année suivante en Angleterre, naviga jusqu'en 1913 sous les couleurs de l'Union Belliloise, compagnie concurrente des Messageries de l'Ouest.

10

L'*Union III* vint agrandir la flottille de l'Union Belliloise en 1898.

A marée basse, les "*Union*" ne pouvaient accoster et débarquaient passagers et bagages dans des canots.

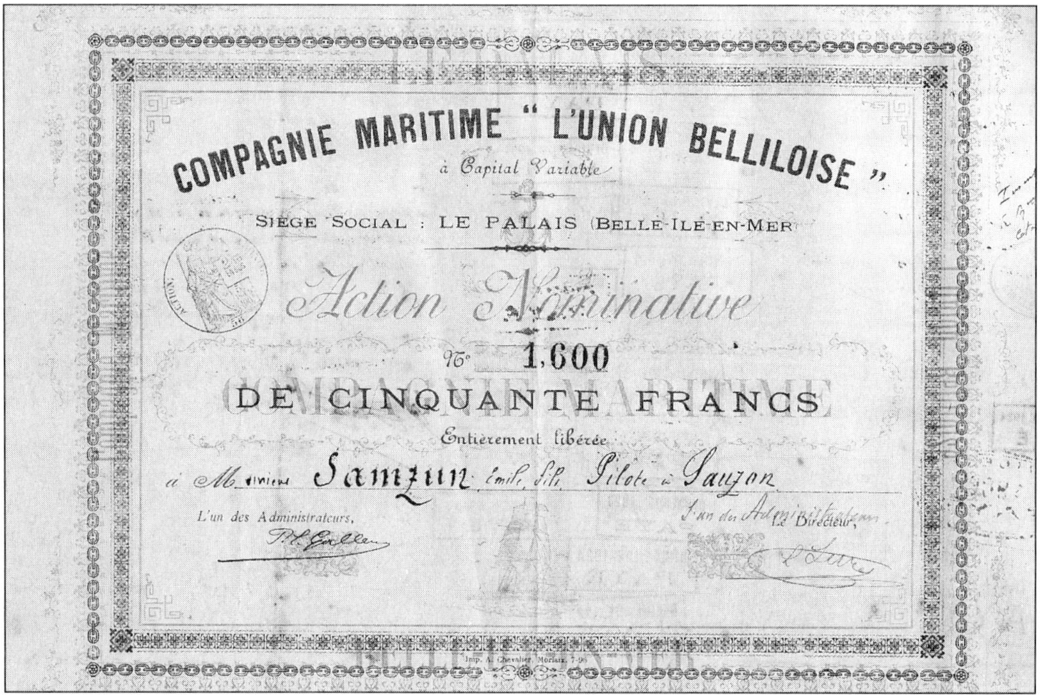

COMPAGNIE MARITIME " L'UNION BELLILOISE "

à Capital Variable

SIEGE SOCIAL : LE PALAIS (BELLE-ILE-EN-MER)

Action Nominative

N° 1.600

DE CINQUANTE FRANCS

Entièrement libérée

à M. Samzun Emile, fils, Pilote à Sauzon

L'un des Administrateurs,

L'un des Adm.ts ou Directeurs,

Créée en 1896, la compagnie maritime l'Union Belliloise comptait une majorité d'actionnaires bellilois.

L'*Emile Solacroup* portait le nom d'un ingénieur des Chemins de fer d'Orléans. Il fut construit à Nantes, en 1897, et pouvait transporter plus de 250 passagers. Après avoir appartenu aux Messageries de l'Ouest, il fut vendu à l'Union Belliloise et naviga jusqu'en 1953. Ce prodige de longévité roula et tangua également à Pornic, Auray, Saint-Brévin, Noirmoutier, Saint-Nazaire, etc...

149. - BELLE-ILE-en-MER (Morbihan)
Le Bateau-Poste qui assure la traversée
de Quiberon en moins d'une heure

Le Guédel fut construit aux chantiers Dubigeon de Nantes en 1930. Il remplaça le *Solacroup* et fut en service jusqu'en 1979. La C.M.N.N (Compagnie morbihannaise et nantaise de navigation) à qui il appartenait était née du regroupement des compagnies précédentes.

L'embarquement ou le débarquement des véhicules était un spectacle pittoresque très apprécié des touristes. Les voitures, roues bloquées dans un filet, étaient hissées par un palan qui les déposait sur le pont du bateau ou sur la cale.

13

L'avant-port du Palais, protégé par deux môles, depuis la fin du siècle dernier, est accessible à tous les bateaux à tirant d'eau inférieur à 5 mètres. Auparavant, l'arrivée et le départ du vapeur avaient lieu selon l'heure de la marée.

Extraits de cartes postales des années 1920: "Nous sommes enfin arrivés. C'est pas trop tôt. Yvonne et moi avons été malade comme des chiens...". "Traversée merveilleuse. Pas de mal de mer et c'est ce que nous redoutions le plus, au contraire un temps superbe même un peu chaud mais ne nous plaignons pas."

II

Le Palais

BELLE-ILE-en-MER. - 77. - Port et Citadelle de Palais

Port principal, centre administratif et commercial de l'île, Le Palais qui comptait plus de 5 000 habitants en 1872, n'en totalise plus que 2 500 à l'heure actuelle. Dominé par la citadelle, l'avant-port du Palais regorgeait de bateaux de pêche, pendant la belle saison, au début du siècle. La citadelle est toujours là... mais les sardiniers ont disparu !

Sur le quai Bonnelle se situaient : l'abri du Marin (1901), le hangar du canot de sauvetage (1891), la criée (1898) et les bureaux de la conserverie Péneau. Au-dessus, dans la rue des Remparts, se trouvaient plusieurs sardineries.

En 1905, l'hôtel de Bretagne existait déjà. Il avait remplacé l'hôtel de France, fréquenté par les touristes dès 1886. Malheureusement pour ceux qui attendent le bateau, le petit édifice du 1er plan a disparu !

A l'époque où les jetées actuelles n'existaient pas, le quai de l'Union était prolongé par une petite digue à l'extrémité de laquelle s'élevait un phare signalant l'entrée du port. Ce phare fut détruit en 1888 (ou 1889). C'est en effectuant les travaux d'aménagement de l'avant-port que l'on découvrit, en 1854, un bloc de pierre gravé aux armes de Nicolas Fouquet.

15 - BELLE-ILE-EN-MER — Avant-port de Palais

Le petit phare a disparu. Mais les travaux d'aménagement se poursuivirent durant de longues années, permettant même à des scaphandriers d'exercer leurs talents.

7 - BELLE-ILE-EN-MER - L'heure de l'arrivée
du bateau de Quiberon

Collection Petitjean - Belle-Ile-en-Mer

L'arrivée et le départ des bateaux reliant l'île au continent provoquaient toujours beaucoup d'animation. Avant l'existence des voitures à moteur, des cochers attendaient les touristes pour leur proposer (déjà !) l'excursion traditionnelle : l'Apothicairerie, la pointe des Poulains et un retour au Palais par Sauzon, à un prix... à débattre !

83. - BELLE-ILE-en-MER (Joyau de l'Atlantique). — Hôtel de Bretagne
et Autos d'excursions.

Collection Petitjean - Belle-Ile-en-Mer

Longtemps en travaux, le quai de l'Union devint quai de l'Yser après la Première Guerre mondiale. C'est également à cette époque que les bureaux de la Compagnie Belliloise - bureau central de la Compagnie d'Orléans - situés au fond du port, près de l'écluse, furent transférés à l'angle de la ruelle (où ils restèrent jusqu'à la construction de la gare maritime sur le quai Bonnelle).

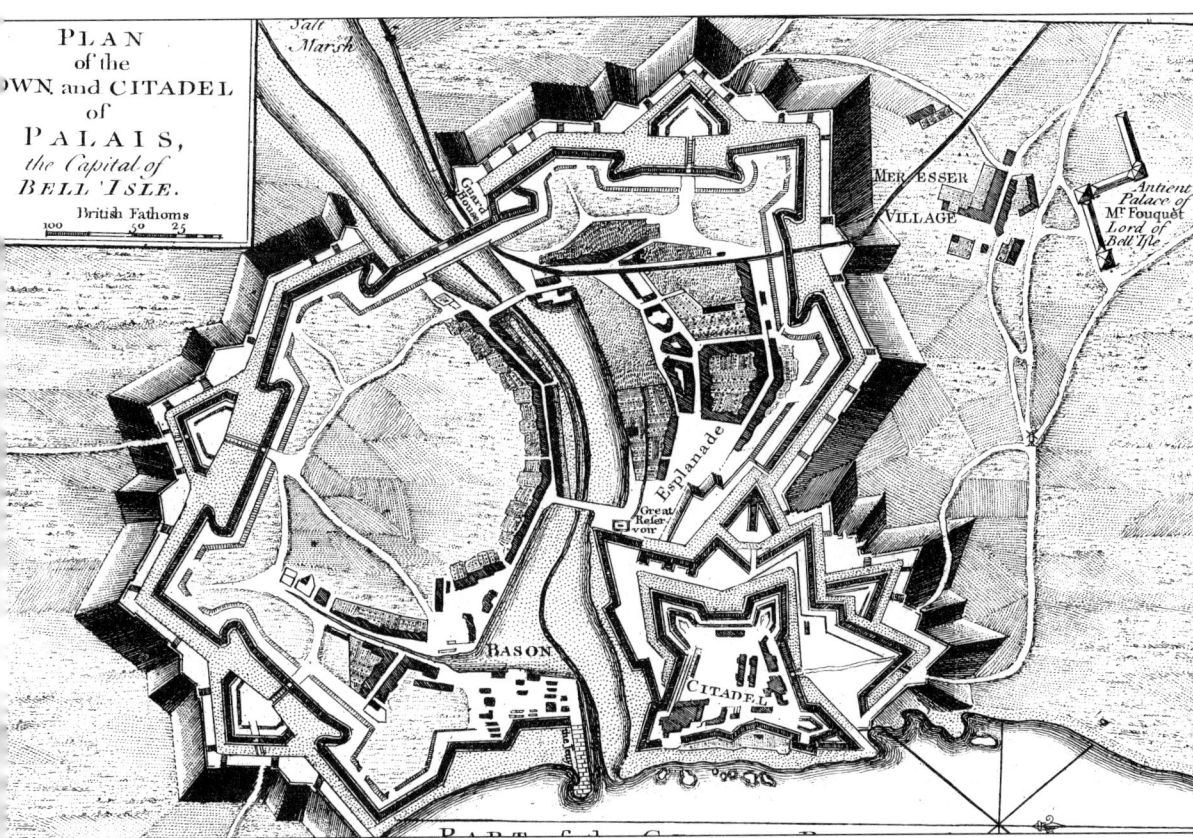

Afin d'affermir la position stratégique de Belle-Isle, le roi Henri II ordonna, en 1560, d'édifier une forteresse avec les pierres du château d'Auray (qu'il avait fait détruire). Cet ouvrage fut transformé en véritable château fort par les Gondi puis par Fouquet.

Mais c'est à Vauban, ingénieur de Louis XIV, que l'on doit cette citadelle qui devait mettre l'île à l'abri de toute attaque après 1689.

Ce lieu de défense fut également un lieu de détention. Y séjournèrent : des amis de Cadoudal qui voulaient renverser le Ier consul, Placide Toussaint Louverture (fils du général antillais surnommé Le Bonaparte des noirs), les socialistes révolutionnaires, Armand Barbès et Auguste Blanqui, qui furent certainement les détenus les plus célèbres. L'évasion de Blanqui, qui devait s'embarquer à Goulphar, échoua au dernier moment à la suite d'une dénonciation. Il resta 7 ans en détention à Belle-Ile. Quant à Barbès, on peut lire, au dos, des extraits d'une lettre qu'il écrivit en 1853, de sa prison. Classée momument historique en 1933, la citadelle est devenue propriété particulière en 1960 et sa restauration est très avancée.

"Je te remercie des nouvelles que tu me donnes de nos amis de Nohant. Je n'avais pas entendu parler de la lettre dont tu me parles, ce qui n'est pas étonnant car ici nous ne connaissons de ce qui se passe au dehors que ce qu'il plaît au *moniteur* de publier. Mais j'ai trop amplement conscience de la noblesse de cœur de notre amie pour ajouter jamais foi aux calomnies que l'on peut ourdir contre elle. Je trouve seulement que les gens qui descendent à de pareilles indignités sont bien méprisables car ils cherchent à flétrir une des plus grandes gloires que possède la France. Fais mes amitiés à ta bonne Marie et souhaite le bonjour à nos amis. Je t'embrasse de cœur et te serre les mains. A. Barbès. Prison de Belle-Ile, le 8 avril 1853."

La lettre qu'il mentionne est celle de George Sand (la famille de Nohant).

Le quai Vauban (ancien quai Est) débouche sur la place de la République (ancienne place d'Armes) au bas de laquelle était installée la baraque des douanes. La flèche indique l'ancienne école communale.

Le quai Jacques Le Blanc (du nom d'un capitaine de vaisseau bellilois d'origine acadienne) s'étend de la cale de la douane à l'entrée du bassin à flot. Sa construction se fit en 1840, grâce à Jean-Louis Trochu, bienfaiteur de l'île et père du général.

En 1900, malgré les travaux sur le quai Vauban, le port, très animé, abritait toujours de nombreux bateaux de pêche.

BELLE-ILE - LE PALAIS. - L'Hôtel de Ville, la Caisse d'Épargne, la Gendarmerie

Collection du Grand Bazar - J. Berion - Le Palais (Morbihan)

Le terrain de manœuvres qu'utilisait le 62e de Ligne jusqu'à la Première Guerre mondiale domine la ville ainsi que l'école privée, la Caisse d'épargne et l'ancienne gendarmerie.

Le passage des charrettes sur le quai (qui n'était pas encore en sens unique) ne devait pas beaucoup gêner les militaires de la garnison tentant de conter fleurette aux charmantes Belliloises !

2462 - BELLE-ILE — Le Pont de la Citadelle - Vue générale du PALAIS

Le pont de la Citadelle, qui n'était qu'une simple passerelle, fut remplacé par un pont tournant en 1865. Grâce à l'écluse, dont les fondations furent creusées en 1843, les bateaux purent s'abriter dans ce qui devint alors le bassin à flot.

145 — BELLE-ILE-EN-MER. Le Palais, le Bassin à Flot   ND Phot.

Le pont de l'Hôpital (*Pont er Go*) permettait de passer du quai Gambetta, empierré pendant la première moitié du XIXe siècle, à la route de Sauzon.

La Saline, créée à la demande de madame Fouquet, s'étendait jusqu'au vallon du Potager. Mais elle nécessitait un entretien énorme en raison des torrents d'eau douce qui s'y déversaient chaque hiver. Abandonnée, elle devint peu à peu, un cimetière pour les bateaux hors d'usage.

Le lavoir était le lieu de retrouvailles régulières des Belliloises. On y échangeait les dernières nouvelles et les informations y étaient diffusées bien avant l'existence des radios locales ! Ici, au lavoir de Pont Orgo, près du Jardin du Roi (et de l'actuel Bureau de poste), on reconnaît de gauche à droite : madame Dréan, Louisa Le Blaye (qui sillonnait les rues du Palais avec sa brouette pour vendre du poisson frais) et sa sœur Toinette, Jeannot Le Blaye, Jeanine Mahéo, madame Victoire Mahéo, madame Guern et Anna Bouquin.

Au XVIIe siècle, ce n'était qu'une crique où la haute mer venait battre les murs de la Manutention (siège actuel du Crédit agricole). C'est devenu la place d'Armes puis la place de la République.

Les fermières des villages voisins venaient vendre beurre et œufs aux habitants du Palais, soit en poussant leur brouette, soit dans une carriole tirée par un âne.

Avant d'être cette boucherie-charcuterie, aux vitrines particulièrement alléchantes, ce magasin s'appelait "Le Délice à la Ferme" et monsieur Gautrain y vendait des légumes et du beurre avant la Deuxième Guerre mondiale.

Devant la boucherie, dans la rue encore pavée à l'époque, ce petit garçon, qui pose avec sa maman, deviendra timonier sur l'*Acadie*.

Cette église Saint-Géran, construite grâce à madame Fouquet et bénie le 5 mars 1678, remplaça la première église du Palais située dans le quartier de la Haute Boulogne (près des Glacis).

2731 - BELLE-ILE - LE PALAIS - L'ÉGLISE ET LA PLACE

Celle-ci, construite en 1905, remplaça la précédente qui brûla dans la nuit du 4 au 5 septembre 1895. Son clocher ne fut terminé qu'en 1992 !

A la suite de l'incendie de septembre 1895, l'église fut rasée et reconstruite en 1904-05. Au fond, à gauche, l'hôtel du Commerce existait déjà. En 1850, c'était d'ailleurs le seul hôtel de l'île et il hébergeait de rares touristes, des voyageurs de commerce et les officiers célibataires de la garnison.

BELLE-ILE - LE PALAIS (Morbihan)
Une noce Belliloise sortant de l'Hôtel de Ville

Construit à la fin du siècle dernier et inauguré en 1893, l'hôtel de ville n'a pas changé. Ici, le cortège qui sort de la salle des mariages n'a que la place à traverser pour se rendre à l'église. Le grand porche menait également à la poste et à la gendarmerie.

31

En quittant la mairie puis l'église, la coutume voulait que la photo souvenir soit prise sur cet escalier situé près de l'ancienne gendarmerie. En effet, de cette façon, tous les invités étaient visibles.

Cette mercerie située place Bigarré était tenue par madame Dantzer, la mère de Marc Dantzer (bien connu dans les milieux artistiques parisiens). Elle s'occupait, comme monsieur Anglade, de fournir des renseignements aux touristes, toute l'année de 8 à 18 heures. Office de tourisme avant l'heure !

Dans ce qui fut la première librairie de l'île (face à l'actuelle Maison de la presse), on trouvait déjà des cartes postales sur tourniquet.

En 1899 ou 1900, la venue du rémouleur (ou de tout autre marchand ambulant) attirait de nombreux enfants sur la place d'Armes. Le petit garçon en sarrau et béret noirs devint capitaine dans la Marine marchande.

BELLE-ILE-EN-MER — 37 - Avenue Carnot

La rue des Ormeaux fut appelée avenue Carnot en 1902. Ces ormeaux, orgueil de monsieur Chasle de La Touche (ancien maire du Palais) furent enlevés en 1858 puis remplacés... à la grande satisfaction des chiens !

Monsieur Berson, que l'on voit ici en compagnie de son épouse devant son magasin de l'avenue Carnot, était également éditeur de cartes postales.

En raison de l'importance de la garnison en place à Belle-Ile, deux casernes furent bâties dans la seconde moitié du siècle dernier. En haut de l'avenue Carnot, juste avant la porte Vauban, se trouvait la caserne d'artillerie dite caserne Vauban. Après le départ définitif des artilleurs, elle devint l'école communale.

De l'autre côté de l'avenue, les bâtiments de l'ancienne Caserne Willaumez, du nom de l'amiral Willaumez né à Belle-Ile en 1761, sont utilisés par une colonie de vacances.

42. - BELLE-ISLE-en-MER. - Le Palais - La Porte Vauban

Contrairement à ce que laisse supposer son nom, cette porte a été édifiée sous le Second Empire. Les piétons peuvent emprunter les escaliers et ainsi découvrir la baie du Palais et Quiberon dans le lointain.

Prémisses d'embouteillage entre la porte Vauban et la porte Bangor !

BELLE-ILE-EN-MER. Le Palais, la Porte Bangor

La porte Bangor fut élevée sous le Premier Empire, par Marescot d'après les plans de Vauban. A l'époque où Flaubert visita l'île, de véritables portails la fermaient à la tombée de la nuit.

57. Belle-Isle-en-Mer — LE PALAIS
Aiguade Vauban dite Belle Fontaine - Construite par Vauban en 1703
Contenance 860 000 litres

C'est Vauban qui décida de recueillir l'eau de la cascade qui tombait dans la mer. Jusqu'en 1914, les bateaux de la Marine nationale s'y ravitaillaient. Plus tard, cette eau fut commercialisée sous le nom de Belle Fontaine pendant quelques années.

Les alentours de la plage de Ramonette, d'où l'on découvre le port et la citadelle, se sont beaucoup construits depuis le début du siècle.

24. BELLE-ISLE-EN-MER — Le château Fouquet

Collection Fernand Féchamp

Le château Fouquet, situé près de Roserière, fut le seul survivant des bâtiments détruits par Vauban en 1689 lors de l'établissement des Glacis. Abandonné puis restauré, il servit de logement au personnel de la colonie pénitentiaire. Il n'en subsiste hélas, aujourd'hui, que quelques pans de murs envahis par la végétation.

L'usine à gaz, établie dans le vallon de Bordustard, fut créée en 1881. Le gaz était extrait de la houille livrée par bateaux sur les quais du Palais. La distribution de l'énergie électrique débuta en 1921.

III

Sauzon

Sauzon est un très joli port de pêche situé à l'extrémité du vallon de Loqueltas. Son nom vient probablement de *Saozonn* qui signifie Saxon en langue bretonne. On suppose, en effet, que ce port très sûr et facile d'accès abrita fréquemment les embarcations des pirates saxons qui ravagèrent les côtes de la Manche et de l'Atlantique. Le nom de Port Philippe se substitua à celui de Sauzon en 1841, à la demande du Conseil municipal de l'époque, pour remercier Louis-Philippe d'avoir accordé des crédits permettant l'amélioration du port. Cette appellation se prolongea jusqu'en 1895 : le président Félix Faure autorisa la commune à reprendre son nom d'origine.

BELLE-ILE-EN-MER - 23 - Vue générale de Sauzon

Collection Petitjean, Belle-Ile-en-Mer

Ce port, magnifique à marée haute, s'est beaucoup envasé depuis le XVIIIe siècle. Il a longtemps été totalement inaccessible aux bateaux 2 heures avant et 2 heures après la basse mer. Par contre, à marée basse, il était la providence des pêcheurs qui y trouvaient la boëtte nécessaire pour appâter : arénicoles, *bucs*...

BELLE-ILE-EN-MER. — Le Port de Sauzon

P.D - 23 BELLE-ILE-EN-MER — Vue Générale de Sauzon

Les deux jetées abritant le port furent construites en 1837. Le gouverneur anglais Crawford avait déjà envisagé une protection en 1762 mais son départ empêcha la réalisation des travaux.

Les deux digues extérieures augmentent, depuis 1974, la capacité et la sécurité du port. *Le Gourinis* effectue désormais le trajet Quiberon-Sauzon en 30 minutes pendant la saison.

La jetée de Pen Prad fut construite en 1898 pour éviter aux bateaux de s'échouer à marée basse.

Peu de ports bretons peuvent se targuer d'avoir été aussi souvent représentés par les peintres que celui de Sauzon ! Cette artiste qui, elle aussi, apprécie la beauté du site, serait une certaine madame Carion.

L'église précédente ayant été abattue en 1893, l'actuelle église Saint-Nicolas fut bénie le 30 novembre 1894.

Comme dans de nombreuses paroisses bretonnes, l'inventaire des biens de l'Eglise par l'autorité légale déclencha des manifestations des Catholiques sauzonnais.

Pendant des siècles les Sauzonnais (1650 en 1900... 735 seulement en 1990) furent presque tous marins, pêcheurs ou pilotes. L'activité sur les quais fut toujours très importante. L'hôtel du Phare existe depuis le début du siècle.

A l'arrière-plan, la baraque noire, disparue aujourd'hui, était le bâtiment des douanes.

La pointe du Cardinal, qui abrite Sauzon et qui doit son nom au cardinal de Retz venu se cacher à Belle-Ile en 1654 après la Fronde, prolonge le quartier du Canon, ainsi nommé en raison des deux canons qui s'y trouvaient autrefois pour défendre l'entrée du port. La cheminée est celle de l'usine Chancelle, une des trois conserveries installées à Sauzon.

Le bureau de poste fut ouvert en 1900. Cette création intéressait en particulier les propriétaires des usines qui avaient réclamé sa mise en service dès 1896.

Dans un guide touristique de 1930, on pouvait lire : "Lorsque dans des siècles, la Roche percée se sera écroulée sous les coups incessants et furieux de la vague..." L'arche n'a pas résisté aussi longtemps que prévu : elle s'est écroulée en février 1975.
Au fond, les bâtiments de l'Apothicairerie.

BELLE-ILE-EN-MER - 97 - Hôtel de l'Apothicairerie

Collection Petitjean, Belle-Ile-en-Mer

Situé sur le terre-plein qui domine la célèbre grotte de l'Apothicairerie, cet hôtel, créé en 1904, accueillait aussi bien les célébrités parisiennes de l'époque que les mariages bellilois qui appréciaient sa bonne chère et sa convivialité autant que le coup d'œil. Il fut fermé en 1981.

L'hôtel actuel le remplaça en 1991. Autre temps, autre style ! Il n'est pas certain que le paysage ait gagné au change...

"Port Donnant, avec ses dunes et sa magnifique plage de sable fin où l'océan se creuse en sillons gigantesques me paraît la grande attraction de l'île" écrivait l'historien Léandre Le Gallen. Ce lieu grandiose servit d'ailleurs de cadre à une scène célèbre du film d'Alain Jessua : *"Traitement de choc"*. Dans le lointain, le grand phare.

La plage de Donnant est située sur la commune de Sauzon mais l'hôtel du Bon Accueil, devenu résidence particulière, dépend de Bangor.

IV

Bangor

91. - Belle-Ile-en-Mer
Le Vallon de Bangor.

Les moines gallois ou irlandais qui vinrent évangéliser Belle-Isle (qui portait, à l'époque, le nom de Guédel, même nom celtique que l'Irlande) établirent leur premier ermitage au centre de l'île, à Bangor. La commune, dont la population atteignait 1 860 habitants en 1872 et 1 455 en 1900, n'en compte plus que 735 aujourd'hui. C'est le seul bourg de l'île qui ne donne pas directement sur la mer ; mais les lieux renommés tels Port Coton, Goulphar, le Grand Phare, Kérel... ainsi que le terrain d'aviation se situent sur cette commune.

Collection H. Laurent, Port-Louis

Située sur un plateau qui domine plusieurs vallons, Bangor est une commune à vocation essentiellement agricole. "Bangor est la paroisse la plus déserte de l'île..." écrivait le père Le Gallen "...le bourg a plus l'air d'un hameau que d'un bourg. Mais ses habitants ont la réputation d'aimer l'instruction plus que les autres Bellilois." C'est peut-être pour cette raison que Bangor possède une superbe école !

64. - BELLE-ISLE-en-MER. - BANGOR. - La Rue principale

Cette église date de 1855. Elle remplaça une chapelle élevée par des moines au XIe siècle et dont le pignon portait la date de 1002.

En juin 1951, l'évêque de Vannes apporta la confirmation aux enfants de Bangor en présence du maire, Jean-Marie Le Bihan.

53

Jeunes filles des villages de Kérel, Bordelouet et Bornord vers 1915.

Trois artisans nés en 1900 : monsieur Jégo de Borlagadec qui était tonnelier, et deux menuisiers, messieurs Diffan et Dioré.

Le village de Kervilaouen, proche du Grand Phare, accueillit, en 1886, le grand peintre Claude Monet. "Il logeait dans une maisonnette à un étage et prenait ses repas à l'auberge Marec, séparée seulement d'une petite place et d'un vieux puits" écrit G. Geffroy, son historiographe. Il y reçut l'écrivain Octave Mirbeau. C'est là qu'il peignit le père Poly qui, en réalité, s'appelait Polyte Colin (pilote en retraite de Radenec).Matisse séjourna également à Kervilaouen en 1896 : "Tu seras à 2 minutes de la mer, du plus beau coin de France, du plus grandiose" écrivit-il à Roux Champion.

Dans son tableau : "*Pyramides de Port Coton*", Monet avait exactement ce point de vue sur les célèbres "aiguilles". Port Coton doit son nom aux amas d'écume que la tempête y rassemble.

Au début du XIXe siècle, les îliens réclamèrent la construction d'un phare sur la côte ouest, si dangereuse. Grâce aux démarches de Jean-Louis Trochu (considéré comme un bienfaiteur de l'île), les travaux commencèrent en 1824 et le phare fut mis en service en 1836. La lanterne de cristal placée par Augustin Fresnel et éclairée au pétrole fut remplacée par une lumière électrique visible à 60 milles en mer, en 1891. Haut de 47 mètres, il s'élève à plus de 80 mètres au-dessus du niveau de la mer.

Des champs et quelques maisons. Tel était le village de Kerguelen jusque dans les années 1950. Actuellement, on y dénombre une trentaine de maisons, surtout des résidences secondaires.

Le château de Goulphar ou château de l'Anglais appartenait au riche peintre australien John Peter Russel (dont la femme fut un des modèles du sculpteur Rodin) qui le fit bâtir en 1888.

Cette propriété devint ensuite un hôtel : le premier manoir de Goulphar qui fut détruit pour être remplacé par un luxueux complexe hôtelier.

59. - Belle-Isle-en-Mer. - BANGOR. - Le Sémaphore du Talus
Poste qui reçut la dépêche du Croiseur *Sfax* ramenant le Capitaine Dreyf
de l'Ile du Diable

Il existait 4 sémaphores à Belle-Ile. Celui d'Herastellic (Sauzon) d'où Sarah Bernhardt envoyait ses télégrammes, fut détruit par les Allemands pendant la Deuxième Guerre mondiale, celui de Taillefer (Le Palais), celui d'Arzic (Locmaria) et celui du Talud (Bangor). C'est ce dernier qui annonça la libération du capitaine Alfred Dreyfus du bagne de Guyane.

Cette vue aérienne, prise dans les années 1950, montre le sémaphore avant son agrandissement et sa modernisation ainsi que le plateau (très peu habité à l'époque) de cette portion de l'île. Au loin, les hameaux de Domois, Bordelouet, Kérel...

V

Locmaria

Située à l'extrême pointe de l'île, la commune de Locmaria partage sa côte entre de belles plages (Port Andro, Les Grands Sables), des falaises abruptes (Le Skeul, Arzic, St-Marc) et de petits ports sans grande protection (Port Blanc, Port Maria). Volontiers indépendante par rapport aux autres communes, Locmaria avait même la réputation d'être la terre des sorciers ! Pour conjurer le mauvais sort, la tradition conseillait de mettre les pouces dans le creux des mains et de les tenir enfermés dans les autres doigts dès que l'on entrait sur le territoire de cette paroisse ! Sa population s'élevait là 1852 habitants en 1872 ; en 1990, elle n'en comptait plus que 735. Le restaurant d'Arvor (ci-dessus) succédait-il à l'auberge qui logeait les pèlerins à l'époque du père Le Gallen ?

L'église de Locmaria, élevée par les premiers missionnaires venus à Belle-Isle, fut, dit-on, détruite par les Normands au Xe siècle, rebâtie au XIe puis restaurée à plusieurs reprises au cours des siècles suivants.

Madame Guellec, née Marie-Madeleine Portugal en 1824 à Locmaria, mourut au Palais en 1910. Elle tenait un cabaret sur le quai Jacques Le Blanc et portait l'ancienne coiffe belliloise qui ressemblait à certaines coiffes vendéennes, car lorsque les Gondi occupaient l'île, ils avaient fait venir plusieurs familles du pays de Retz.

Les noces belliloises donnaient lieu à d'importantes festivités. En sortant de l'église, le cortège se rendait généralement dans une grange où avaient été dressées de longues tables. "Potage, ragoût de mouton aux petits navets de Belle-Ile et aux *crécennes* (pâte faite de farine et d'œufs), poulet, gigot, crèmes, fars. Rien n'était épargné !" raconte Eva Jouan.

Le tout était suivi d'une danse sur la place. Les danseurs formant une ronde, sautaient tantôt sur un pied, tantôt sur l'autre, au rythme d'un chant qu'ils reprenaient en chœur, sans biniou ni violon.

Pendant la guerre de 1870, le gouvernement utilisait des aérostats pour le transport des sacs postaux. Le 30 novembre, à 23 h 30, l'aéronaute Alfred Martin quitta Paris à bord de son ballon, le *Jules Favre II*, accompagné de l'officier de marine Paul du Cauroy, dans l'intention de se rendre à Tours avec 100 kg de courrier. Au lever du jour, ils s'aperçurent qu'ils survolaient la mer ! Martin raconte : "Soudain j'aperçus un point sombre... C'était Belle-Ile !" Il monta éventrer le ballon et la descente s'amorça vers la mer. "Heureusement, le vent s'engouffra dans les plis du ballon comme dans des voiles et celui-ci commença sa course vertigineuse en faisant des bonds prodigieux, heurtant le toit des maisons sur 1500 mètres." Il s'arrêta à Ty Séveno et, les deux hommes blessés furent secourus par les habitants du village. Martin se rendit à Lorient à bord de l'aviso *Le Chamois* car il voulait accomplir sa mission jusqu'au bout et remettre les dépêches qui lui avaient été confiées. Du Cauroy, plus sérieusement blessé, fut soigné à l'hôpital de Belle-Ile.

150 - BELLE-ILE-EN-MER
Mme Matelot et ses jeunes Enfants
Héros du phare de Kerdonis

Le 18 avril 1911, le gardien du phare de Kerdonis, Désiré Matelot, mourut brutalement à la tombée de la nuit. Sa femme dut allumer la lanterne. Le mécanisme d'horlogerie ne fonctionnant pas, elle expliqua à ses enfants Marie (14 ans) et Charles (13 ans) comment le manœuvrer à la main. Les deux adolescents restèrent à leur poste toute la nuit, assurant ainsi la sécurité des navires. La presse nationale s'empara de l'affaire, commentant l'héroïsme de cette famille, ce qui provoqua de nombreuses souscriptions en sa faveur.

Madame Matelot et ses enfants Charles et Marie.

63

En tentant de sauver l'équipage du *Neptune* en 1870, une chaloupe de Locmaria fit naufrage et tous les hommes qui l'occupaient trouvèrent la mort. La commune de Locmaria décida alors de faire construire un canot de sauvetage basé à Port Blanc où existait une jetée depuis 1835. En 1912, en présence de toute la population, un nouveau bateau de sauvetage fut baptisé par le recteur de Locmaria.

VI
L'économie
L'agriculture

8. Belle-Isle-en-Mer. - LE PALAIS. - Le Comice Agricole
Le Sous-Préfet de Lorient prononçant son Discours

Le Bellilois a toujours été paysan avant d'être marin. Le climat doux et la température modérée en toute saison favorisaient l'agriculture. Par contre, le vent fréquent lui était néfaste, d'autant que l'île, peu boisée, n'offrait pas de protection aux cultures. Autrefois, on n'ensemençait que du froment (les Bellilois ne mangeaient que du pain blanc contrairement aux paysans du continent). Puis ils cultivèrent avoine, orge et pomme de terre (introduite par les Anglais en 1761 et propagée par les Acadiens) ainsi que lin, tabac et vigne. Jean-Louis Trochu, créateur du Domaine de Bruté, joua un très grand rôle dans le développement et l'amélioration de l'agriculture dans l'île.

Sur la place, un jury présidé par le sous-préfet de Lorient, attribuait des prix en espèces aux agriculteurs qui présentaient leurs bestiaux. L'élevage des chevaux, très important, a pratiquement disparu, l'île se tournant essentiellement vers l'élevage ovin.

Dans ces scènes de battage de blé au village de Bordelouet en Bangor, les chevaux, au nombre de six ou huit, formaient une sorte de manège actionnant la batteuse.

Chaque village disposait d'une aire à battre nettoyée par les femmes avant le début du battage. Un homme, monté sur une estrade au milieu du manège, activait les chevaux avec son fouet. Les gerbes étaient introduites dans la machine qui séparait le grain de la paille.

Mettant en commun leurs forces et leurs chevaux, tous les habitants du village et des villages voisins participaient au battage. Les paysans qui avaient donné un coup de main dans une ferme étaient aidés à leur tour.

Le blé était étalé pour sécher avant d'être transporté dans les greniers et les hommes portaient la paille pour en former une meule. Il fallait se lever tôt et profiter du beau temps car la pluie était toujours à craindre. Le grain était livré dans un des nombreux moulins de l'île. Quand les travaux des champs étaient terminés, certains hommes partaient en mer pêcher la sardine.

Les chevaux élevés à Belle-Ile étaient très appréciés. Les maquignons venaient du continent et les transactions se faisaient dans les foires, comme ici au pied des Glacis, ou parfois à la ferme les jours suivants... pour faire baisser les prix !

Le gibier était très abondant (lapins, lièvres, perdrix). Mais la chasse aux loutres de mer représentée sur cette carte ne devait être ni très fréquente, ni très fructueuse bien que Chasle de la Touche ait écrit : "On tue parfois des loutres au bord de la mer. J'en ai vu plusieurs sur le canal du Potager mais elles sont encore plus rares que les lièvres."

La pêche

Type de pêcheur bellilois : H. Bodélec.

De tout temps, les Bellilois ont pratiqué la pêche. Dès le Moyen Age, la sardine, qu'ils faisaient sécher, était une des ressources principales de l'île. Le procédé de conservation des aliments dans des boîtes hermétiques et stérilisées, inventé en 1804 par Nicolas Appert, permit l'ouverture de plusieurs conserveries (appelées friteries ou confiseries) à Belle-Ile. La première fut créée au Palais, en 1845, par monsieur Lucas. Cette pêche entraînait de nombreuses activités annexes : construction de chaloupes, fabrication de filets, de tonneaux, de voiles, de cordages... Mais la production déclina et, avec elle, la prospérité qu'elle avait engendrée. Comme écrivait le père Le Gallen en 1752 : "Commerce de sardines souvent ruineux, toujours hasardeux, rarement heureux."

Sur la jetée, les filets montés avec lièges et cordelettes attendent l'embarquement. Chaque sardinier en possédait un assortiment avec des mailles de différentes tailles ainsi qu'un baril de rogue (œufs salés de morue) qui, mélangés à de la farine d'arachide, étaient jetés à la mer pour *boëtter* (appâter) le banc de sardines.

Au moment du débarquement, c'était un va-et-vient incessant de pêcheurs transportant des paniers qui contenaient chacun 248 sardines. Une partie du poisson, la *godaille*, était partagée entre les membres de l'équipage. Chaque semaine, le produit brut de la pêche était divisé en 3 parts : 2 pour le propriétaire du bateau et la 3e entre les hommes d'équipage.

70

La campagne sardinière s'étalait globalement de juin à septembre. Les pêcheurs badigeonnaient la coque des bateaux au *coaltar* (goudron) récupéré à l'usine à gaz. Les seules fantaisies étaient le nom du bateau et son numéro peints en blanc. Après chaque sortie en mer, les voiles devaient sécher.

A bord, ils mangeaient la *cotriade* constituée de poissons cuits à l'eau et parfumés au *pleuric* (qui poussait dans tous les coins de l'île) qu'ils étalaient sur de grandes tranches de pain, le tout arrosé de vin rouge.

BELLE-ISLE-EN-MER - Port de Palais en pleine saison de pêche à la sardine

Aujourd'hui, nous avons bien du mal à imaginer le port du Palais avec cette multitude de voiles et de mâts, cette effervescence à l'époque où les jours de tempête, "on pouvait traverser le port à pied sec en passant d'une embarcation à l'autre" là, où on ne compte plus maintenant que quelques pinasses !

Collection Fernand Féchant

Les thoniers que l'on voyait à Belle-Ile venaient généralement de Groix ou du Finistère. Pourtant ces superbes dundees à 5 voiles étaient souvent construits aux chantiers de la Saline.

103 Belle-Isle-en-Mer — LE PALAIS - Thoniers passant la visite de la carène

Collection Fernand Féchant

Au pied de la citadelle, entre deux marées, on pouvait calfater les coques (en boucher les fissures pour les rendre étanches). Ici, les thoniers venus d'autres ports bretons pour passer la visite de la carène, attendent le passage des charpentiers-calfats bellilois, très appréciés dans ce genre de travail.

Le *Charles Philippe* était un chasse-marée chargé de faire la navette entre les lieux de pêche et les conserveries Philippe et Canaud.

Il y eut jusqu'à 11 usines de conserves au Palais en 1881 et 3 à Sauzon en 1892. Elles ont totalement disparu. A propos de cette usine du vallon de Port Guen, Eva Jouan écrit, dans *"Trois mois à Belle-Isle-en-Mer"* : "Les sardines sont livrées aux femmes, qui leur enlèvent la tête, les salent légèrement puis les passent dans de l'eau fraîche. Elles les étendent ensuite sur des claies en plein air pour les faire sécher. Ensuite un homme les plonge dans l'huile bouillante... Enfin les femmes les rangent dans des boîtes en fer blanc remplies d'huile d'olive avant leur passage aux soudeurs."

55. - BELLE-ISLE-en-MER-SAUZON. - Une des 12 Usines Amieux Frères

L'usine Amieux de Port Beleg (port du prêtre) près de la pointe du Cardinal, était ravitaillée en sardine et en thon par de nombreux bateaux. Un escalier permettait aux pêcheurs de transporter eux-mêmes leurs poissons du bateau à l'usine.

Arrivée des Bateaux Sardiniers à l'une des onze Usines AMIEUX Frères (Belle-Ile)

Cartes éditées par Amieux Frères

Ces usines recrutaient un important personnel venu en majorité du continent et dont l'arrivée était diversement appréciée ! "La corruption des mœurs est entretenue par le personnel des usines, ramassis de gens qui accourent chaque été à Belle-Ile comme une invasion de sauterelles" disait un curé du Palais.

Collection Fernand Féchant

Dès 1815, les Bellilois pêchaient, en bordure de côte, des crustacés au *zahrouett*, filet-sac dans lequel ils mettaient de la *chtrouille* (tête et tripes de poissons) pour appâter. Puis les pêcheurs fabriquèrent eux-mêmes des casiers en bois. Selon Chasle de la Touche, vers 1840, on expédiait 2 000 à 3 000 langoustes, crabes et homards par semaine à Nantes. Trop pêchés, langoustes et homards se sont considérablement raréfiés. Par contre, les araignées de mer sont restées abondantes.

Dès leur arrivée à quai à Sauzon, les thons étaient achetés par les mareyeurs. On pêchait aussi le maquereau et le chinchard au filet ou à la ligne, l'anchois (parfois en pêchant la sardine), le congre au *bahot* (ligne de fond), l'aiguillette ou orphie, la vieille et différentes variétés de dorades : *drevelle*, *tallien* et *pelon* ainsi que le mulet et le bar.

BELLE-ILE-en-MER. - Port Donnant. - La Pêcheuse de moules

Le coquillage le plus abondant était certainement la moule qui se pêchait à pied, à marée basse et était destinée à la consommation familiale. On ramassait aussi des palourdes, des praires, des pouces-pieds (anatifes), des ormeaux et des chèvres (étrilles). L'hiver, les bateaux se livraient au dragage de la coquille St-Jacques.

Les filets en fil de chanvre furent longtemps fabriqués à la main, à Sauzon, par les femmes et les enfants. Puis les progrès de la filature les firent abandonner ce travail. Par contre, le ramendage (réparation des filets déchirés) donnait beaucoup d'occupation, surtout avant l'utilisation du nylon.

En 1901, comme dans la plupart des ports, fut construit un abri du Marin. Ce type de foyer était destiné à la distraction des marins pour leur permettre de boire des boissons hygiéniques, avec interdiction de jouer pour de l'argent. Au lieu de l'alcool, servi dans les nombreux cabarets, les pêcheurs pouvaient boire gratuitement... des tisanes !

P. D. - 17 BELLE-ILE-EN-MER — Chantier de Constructions maritimes

Les chantiers de construction bellilois Guillaume et Gallo-Conan, installés au bord de la Saline, étaient très réputés. On y fabriquait des chaloupes, des dundees et des canots. Cette activité, qui employait de nombreux corps de métiers (scieurs, charpentiers, calfats, menuisiers, forgerons...) a totalement disparu.

1387 — BELLE-ISLE - LE PALAIS (Morbihan) - Les Chantiers de Construction

Phototypie VASSELLIER, Nantes

79

La corderie fonctionnait à bras d'hommes. Pour fabriquer les cordages, on utilisait du chanvre et du lin qui supportaient bien l'eau de mer. Mais ces plantes n'étant plus cultivées dans l'île, peu à peu les cordages ainsi que les toiles à voiles et les filets de pêche furent importés. La corderie Ordronneau, située au bord de la Saline, fut tout de même en activité jusqu'après la Seconde Guerre mondiale.

Le tourisme

On ne peut nier la vocation touristique de Belle-Ile : climat doux et ensoleillé, sites admirables qui, très tôt, ont attiré les vacanciers proches de la nature venant y chercher calme et pittoresque. Cet essor du tourisme fut facilité par le déclin des autres activités économiques de l'île et il profite à de nombreuses catégories socio-professionnelles. Toutefois, s'il tient une si grande place à Belle-Ile, il risque de se révéler une arme à double tranchant : les infrastructures belliloises ne sont, en effet, pas extensibles à l'infini et la saturation estivale menace...

Ancêtres des taxis, les calèches attendaient la foule des touristes descendus des bateaux pour les emmener vers les coins les plus pittoresques de l'île.

85. - BELLE-ILE-en-MER. — Départ des Cars d'Excursions.

CARS et VOITURES PARTICULIÈRES POUR EXCURSIONS - PRIX MODÉRÉS
Robert HUCHET - LE PALAIS BELLE-ILE-en-MER

Les taxis et les cars se multiplièrent. Plus rapides et plus spacieux que les calèches, ils permirent une découverte plus complète et plus détaillée de l'île.

A Sauzon, l'hôtel du Phare et l'hôtel de Guerveur, construits en bordure du port, accueillaient les touristes venus en taxi, en voiture ou parfois même en bateau d'excursion.

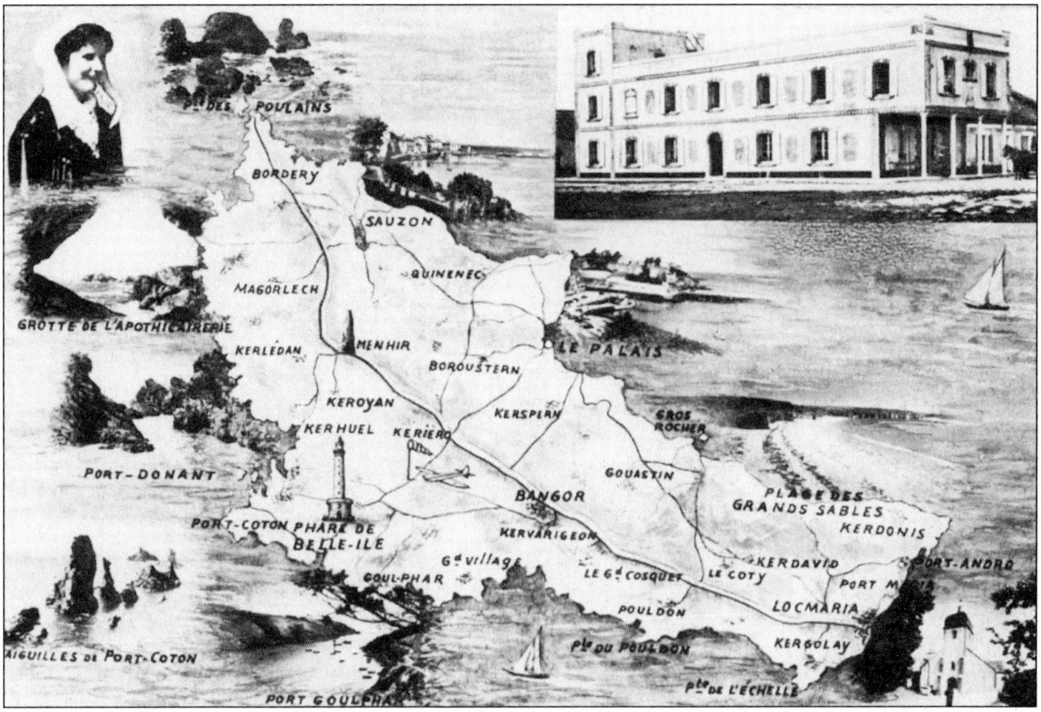

Toujours à Sauzon, sur la côte sauvage, l'hôtel de l'Apothicairerie, jouissait d'une très grande renommée. Peu d'hôtels peuvent s'enorgueillir d'un livre d'or aussi riche en signatures célèbres du monde artistique et littéraire de l'époque.

ÉLECTRICITÉ -- GARAGE

Touristes ! ne pas confondre, il n'y a qu'un

Hôtel de l'Apothicairerie

FONDÉ EN 1904

—— Ouvert toute l'année ——

Le seul situé sur la côte sauvage

Petite plage à proximité de l'Hôtel

SA CUISINE RENOMMÉE, SES HOMARDS, SES LANGOUSTES

SERVICE AUTOMOBILE à chaque arrivée de bateau

Téléphone : Sauzon 5

Passage obligé des touristes (parfois en tenue fort peu adaptée !) la grotte de l'Apothicairerie doit son nom aux nombreux nids d'oiseaux de mer qu'elle abritait et qui évoquaient les bocaux alignés sur les étagères d'une pharmacie. Par gros temps, elle pouvait être un site très dangereux pour les visiteurs imprudents. Son accès est d'ailleurs désormais interdit.

Autre haut-lieu du tourisme : la pointe des Poulains avec la propriété de Sarah Bernhardt.

La grotte du Talud ne pouvant être visitée qu'à marée basse pendant les périodes de grandes marées, des affiches étaient placées dans les hôtels pour indiquer les jours et les heures où la visite était possible sous la conduite du gardien du sémaphore. L'escalier s'étant effondré, l'accès de cette grotte est devenu impossible.

BELLE-ILE - LOCMARIA. — Plage et Fort de Port Andro

La côte "en-dedans", beaucoup moins sauvage, comblait les amateurs de plages tranquilles : Port Andro, Les Grands Sables (lieux rappelant les débarquements anglais aux XVIIe et XVIIIe siècles), Bordardoué...

BELLE-ILE-EN-MER. — Le Palais
La Plage de Ramonet.

Proche du Palais et presque mondaine, Ramonette était la plage à la mode, dès le début du siècle. Ainsi, bien que ne possédant pas de casino (malgré quelques tentatives !), Belle-Ile eut sa boîte de nuit : le Risque-Tout, célèbre surtout dans les années 1950.

VII
Dangers maritimes

BELLE-ILE-EN-MER - 17 - La jetée de Palais par gros temps

Collection Petitjean, Belle-Ile-en-Mer

Les côtes bretonnes ont toujours été dangereuses par gros temps, à plus forte raison lorsqu'il s'agit d'une île. Les nombreux phares et balises signalant les récifs étaient indispensables mais ne suffisaient pas toujours. En dernier recours, c'est le canot de sauvetage qui sortait. Son équipage, composé uniquement de volontaires bénévoles, ne disposait, au début du siècle, que de rames pour affronter la tempête et porter secours aux navires en détresse.

Les raz de marée sont, heureusement, rarissimes à Belle-Ile. Mais, lors des grandes marées, pour peu que le mauvais temps s'en mêle, quais et rues peuvent se retrouver rapidement submergés.

Collection Fernand Féchant

Le 18 novembre 1909, la goélette *Elisabeth de Paimpol*, en perdition près de la digue nord, demanda l'aide du canot de sauvetage. Celui-ci, le *Vauvert de Méan* ne parvint pas à sortir du port en raison de la violence des vents d'est. Grâce au *Ville de Palais* qui le remorqua, l'équipage de la goélette fut sauvé.

Le 18 octobre 1928, le cargo *Yser* venant d'Angleterre avec un chargement de charbon se rendait à Saint-Nazaire. A cause de la brume, il s'échoua sur les rochers entre Kerlédan et Donnant. L'équipage put monter sur la côte mais le navire s'enfonça en quelques jours.

Le canot de sauvetage descendait à l'eau sur un chariot qui glissait le long du brise-lames. Les hommes, pour la plupart, ne savaient pas nager et, sur les conseils des anciens, refusaient même d'apprendre : empêtrés comme ils l'étaient dans leurs vêtements, des rudiments de natation leur auraient été inutiles s'ils étaient tombés à l'eau.

Plusieurs sauveteurs se noyèrent, malheureusement, au cours de sauvetages.

Belle-Isle-en-Mer — Le Palais
Sauvetage d'un Dragueur jeté sur les blocs par la tempête du 17 janvier 1905

92

VIII
Traditions, coutumes et festivités

Mariage à Bornaliguen en 1922. Le relatif isolement dû à l'insularité donnait une importance accrue aux fêtes traditionnelles belliloises. Les mariages, en particulier, grandes retrouvailles familiales, étaient l'occasion de sortir les coiffes brodées et empesées, les châles de dentelle ainsi que les superbes diadèmes que l'on ne voit malheureusement plus de nos jours que chez les antiquaires. Les fêtes locales (telles la Mi-Carême ou la Bénédiction de la mer), célébrées de tout temps, existent encore en 1995.

Double mariage à Bangor en 1922.

Triple mariage à Bangor en 1921. Au premier rang, de gauche à droite : monsieur et madame Guillerme de Tynéhué, monsieur et madame Jégo de Bordelouet et monsieur et madame L'Hermite de Borzose.

BELLE-ISLE-en-MER. - LE PALAIS
Bénédiction de l'Eglise par Mgr GOURAUD
le 25 Novembre 1906

Comme partout en Bretagne, toute inauguration s'accompagnait d'une bénédiction. Edifices religieux, bateaux de pêche, canots de sauvetage étaient ainsi placés sous la protection divine.

2319. - BELLE-ISLE   Bénédiction d'un Sardinier

Chaque année, au 15 août, tous les bateaux sortaient pavoisés dans la baie, avec à leur bord pêcheurs et touristes. C'était la bénédiction de la mer, donnée par le curé du Palais qui montait dans le canot de sauvetage avec les enfants de chœur. Des couronnes de fleurs étaient jetées à la mer et des chanteurs interprétaient des cantiques. Cette coutume se pratique encore à l'heure actuelle.

142 — BELLE-ILE-EN-MER. — Le Palais.
L'Eglise et la Procession de la Première Communion

La célébration de la communion solennelle donnait lieu à une longue procession à travers les rues de la ville.

En 1943, les enfants faisant leur petite communion défilent sur le quai Gambetta. Sur l'autre rive, les entrepôts n'avaient pas encore remplacé les arbres !

Procession de la fête-Dieu en 1920. Ci-dessus dans la rue de l'Hôpital (ancienne rue Paluden et actuelle rue Joseph Le Brix) et ci-dessous au bord de la Saline.

A l'époque du Carnaval, il était d'usage de partager une barrique de vin entre parents et amis. Après avoir parcouru les rues de la ville, les participants au défilé brûlaient Sa Majesté Carnaval sur le brise-lames. Cet usage a toujours cours.

Ici, une voiture magnifiquement décorée passe sur le quai Vauban devant l'hôtel de la Gare qui est devenu Le Goéland.

Parmi les participants à cette noce bretonne, on reconnaît madame et monsieur Robert Gautrain ainsi que Germaine, la célèbre marchande de journaux dont nul n'a oublié la voix claironnante qui proposait à l'arrivée du bateau : *"Ouest France, France Soir, Paris Presse !"* avant de retourner à son kiosque, place de la République.

Le maire, monsieur Velly, paradait sur sa monture au milieu de ses assistants pour la plus grande joie des spectateurs.
Les habitants de Roserière organisaient cette fête (dont ils étaient très fiers) pour parodier la municipalité.

Ces jeunes footballeurs d'un jour furent photographiés par Stanislas Poumet à l'occasion de la Mi-Carême. Certains sont peut-être devenus des champions !

Ici, il s'agit bien de l'équipe de l'A.S.B.I en 1950. Cette association fut créée en 1934 et elle dut son essor à René Brien, Christian Lanco, Stanislas Poumet, Henri Loréal... Les rencontres eurent d'abord lieu sur le terrain de manœuvres puis sur le terrain de Bruté au Bois Trochu avant l'aménagement du complexe sportif. De gauche à droite, debout : P. Nédélec, G. Samzun, Guillemot, M. Houchouas, Guguin et F. Loréal. Accroupis : M. Abrivard, Laleous, Gandon, C. Thomas et C. Le Hir.

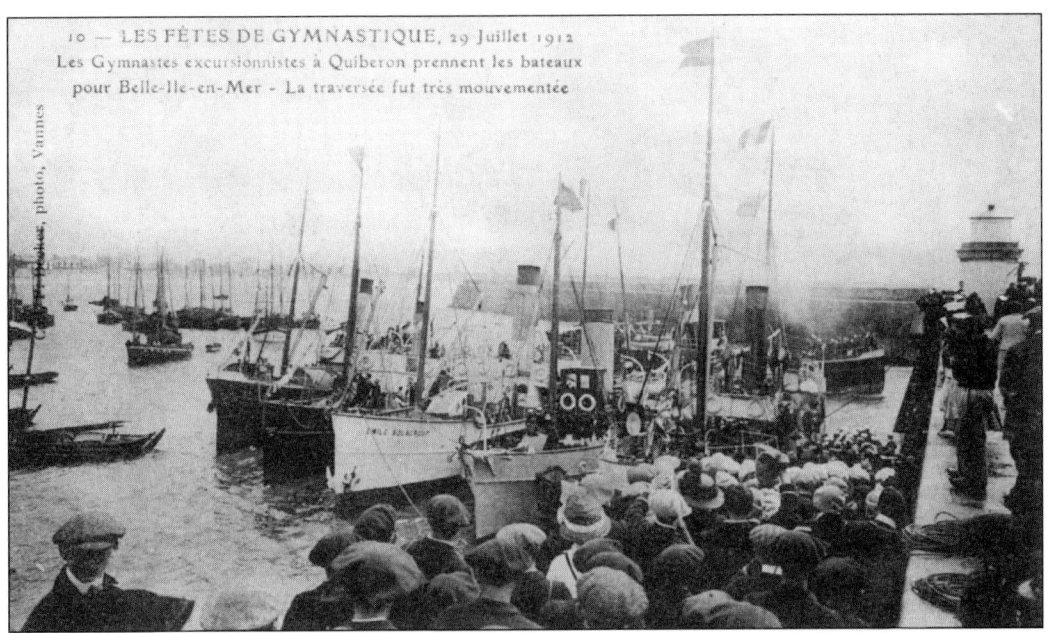

10 — LES FÊTES DE GYMNASTIQUE, 29 Juillet 1912
Les Gymnastes excursionnistes à Quiberon prennent les bateaux
pour Belle-Ile-en-Mer - La traversée fut très mouvementée

Pour les gymnastes comme pour les footballeurs, les déplacements sur le continent donnaient lieu à des traversées souvent épiques, parfois effectuées sur de simples bateaux de pêche !

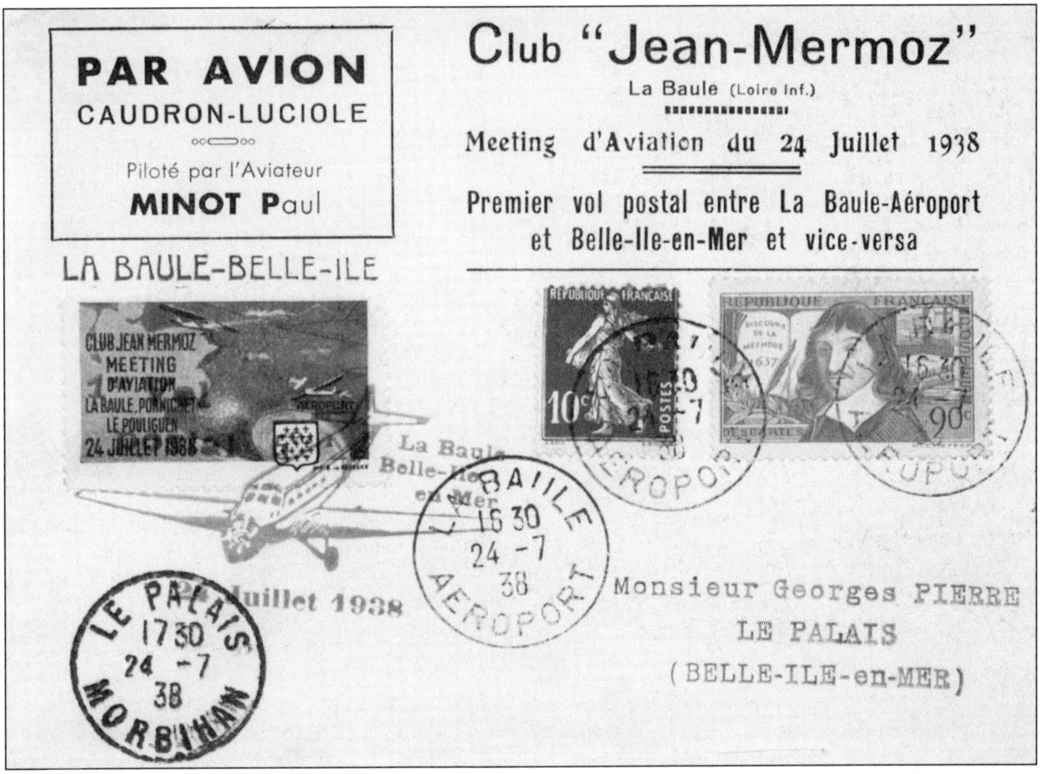
PAR AVION
CAUDRON-LUCIOLE
Piloté par l'Aviateur
MINOT Paul
LA BAULE-BELLE-ILE
Club "Jean-Mermoz"
La Baule (Loire Inf.)
Meeting d'Aviation du 24 Juillet 1938
Premier vol postal entre La Baule-Aéroport
et Belle-Ile-en-Mer et vice-versa
CLUB JEAN MERMOZ
MEETING
D'AVIATION
LA BAULE, PORNICHET
LE POULIGUEN
24 JUILLET 1938
RÉPUBLIQUE FRANÇAISE
10c
POSTES
90c
LA BAULE
16 30
24 -7
38
AEROPORT
LE PALAIS
17 30
24 -7
38
MORBIHAN
Juillet 1938
Monsieur Georges PIERRE
LE PALAIS
(BELLE-ILE-en-MER)

Le célèbre aviateur baulois Paul Minot réalisa une Première en juillet 1938. Ce n'était pas la traversée de l'Atlantique mais tout de même un événement dans les annales de l'aéropostale régionale.

L'absence de vétérinaire se faisant cruellement sentir, les éleveurs bellilois manifestèrent, à l'arrivée du conseiller général. Un de leurs slogans disait même : "Avec un nouveau Trochu, nous serions mieux défendus !"

La distribution du gaz et de l'électricité coexista jusqu'au 30 janvier 1961. Un premier câble sous-marin reliant l'île à Quiberon ayant été mis en service en 1960, la cheminée devenue inutile fut abattue en 1962. Un deuxième câble, installé en 1975, permit l'arrêt définitif de la centrale.

IX
La colonie pénitentiaire

2418 BELLE-ILE — Le Château du Général Trochu

Bruté de Rémur, directeur des domaines du roi, vint à Belle-Isle en 1768 pour tenter de défricher 150 hectares de landes. Malgré l'échec de cette tentative, Jean-Louis Trochu, révolté par le proverbe breton : "*Lann te zoubet, lann te zou, lann te vou*" (lande tu as été, lande tu es, lande tu seras !) acheta 400 hectares de terres incultes qu'il fit défricher et ensemencer. Ses cultures de céréales et ses plantations de pins (le Bois Trochu existe encore) furent une réussite. Sa propriété, le domaine de Bruté, acquis par le ministère de la Justice en 1901, devint une ferme-école pour les pupilles de la colonie maritime et agricole.

Avant son installation à Bruté, cette colonie pénitentiaire existait à Haute Boulogne depuis 1880. Elle occupait les bâtiments où avaient séjourné les révolutionnaires de 1848 qui, eux-mêmes avaient remplacé les soldats condamnés au régime disciplinaire. Cet établissement pouvant accueillir 300 colons avait pour but de donner aux mineurs délinquants une formation maritime et agricole.

2333. BELLE-ISLE - LE PALAIS
La Colonie pénitentiaire - Bateau-école
La Manœuvre

Les jeunes détenus apprenaient la manœuvre des voiles sur un superbe trois-mâts. Mais, pour éviter les risques d'évasion, ce voilier avait été installé dans la cour du pénitencier, entourée de hautes murailles et très au-dessus du niveau de la mer !

Ces apprentis-marins avaient tout de même l'occasion de naviguer réellement. Dans des canots, encadrés par un surveillant, ils apprenaient à ramer dans l'avant-port. Dans des pinasses, ils allaient pêcher la sardine, mise en conserve dans un atelier par d'autres élèves de la section maritime.

La colonie possédait même une goélette et un thonier à bord duquel logeait un équipage d'une quinzaine de pupilles qui avaient été sélectionnés pour éviter toute révolte.

En août 1908, plusieurs détenus tuèrent leur surveillant et tentèrent de s'enfuir avec leur barque mais ils furent rapidement repris. Il est vrai que les conditions de vie de ces jeunes délinquants dans les bagnes d'enfants dénoncés par Prévert transformaient parfois des adolescents coupables d'un vol en apprentis-criminels...

Les plus doués musicalement répétaient sous la direction d'un chef compétent qui les avait initiés à la pratique d'un instrument.

Ainsi, le dimanche ou à l'occasion de fêtes, ils donnaient des concerts pour la population après avoir défilé dans les rues.

Certains colons, grâce à la formation reçue dans cette Maison d'éducation surveillée, purent s'engager dans la Marine. Des améliorations furent apportées par le gouvernement du Front populaire ; les moniteurs, recrutés jusqu'alors dans le corps des gardiens de prison devinrent des éducateurs en civil, étrangers au régime pénitentiaire, la colonie se transforma en Institut public d'éducation surveillée (jusqu'à sa fermeture en 1978) et les jeunes délinquants reçurent une formation professionnelle les préparant à une réelle réinsertion dans la société.

X

Les deux Guerres

73. - BELLE ILE-EN-MER. - Le 62ᵉ sur le terrain de manœuvres

On a vu que la garnison occupait une place très importante dans la vie belliloise. Le bataillon du 62e de Ligne, basé à Belle-Ile, quitta Le Palais au moment de la mobilisation générale en 1914. Des convois de prisonniers allemands arrivèrent à Belle-Ile dès septembre 1914. Incarcérés à la caserne Willaumez, sous des tentes, sur le terrain de manœuvres et dans les usines, il y en eut jusqu'à 10 000 sur l'île (dont 400 officiers à la citadelle).

LA GUERRE EUROPÉENNE de 1914
102 - NANTES - Prisonniers allemands amenés à Nantes, pour être incarcérés à Belle-Ile

Nantes était un centre de transit où l'on regroupait les prisonniers allemands. Même les éditeurs de cartes postales protestaient contre la villégiature trop douce offerte aux ennemis de la patrie, les "boches" ou "alboches" !

1914 — GUERRE EUROPÉENNE

Nantes.- Le bateau "l'Union" emmène Messieurs les Boches aux bains de mer. à Belle-Ile. (30 août 1914). alboches.

Photo Postal Nantes

Sur l'île, les prisonniers étaient bien traités. Ils étaient employés à différents travaux de terrassement et de déboisement selon leur état de validité.

Certains, arrivant en piteux état, étaient hospitalisés. Plusieurs dizaines de ces blessés moururent et furent enterrés au cimetière du Palais.

BELLE-ILE-EN-MER — Camp de prisonniers Allemands

Collection ANGLADE.

Comme l'indique, ci-dessous, la correspondance d'un soldat français, le 9 septembre 1915, les prisonniers allemands n'étaient pas maltraités et les rapports avec leurs gardiens étaient humains, les Français pensant à ceux d'entre eux détenus en Allemagne.

Et ensuite tu feras comme pour l'autre colis tu iras le prendre en gare

POST CARD — Carte Postale — POSTKARTE

et de cette façon tu les auras plus tôt

Bons baisers de ton homme J. Le Boce.

BRIEFKAART — POSTKAART

CARTOLINA POSTALE — ОТКРЫТОЕ ПИСЬМО — TARJETA POSTAL

Palais, 9-9-15

Ma chère Augustine,

J'ai reçu ce soir ta lettre du 8 9bre où tu me demandes si les boches sont bien traités, oui nous n'avons pas de raison de les maltraiter car nous ne voudrions pas que les nôtres soient maltraités là-bas. Ici il sont tous très dociles mais leur ordinaire ne vaut pas le nôtre, ils n'ont qu'un repas par jour, le matin ils ont du café et vers 1 heure leur grand repas qui se compose d'un peu de viande environ 110 gr. et le soir ils sont encore du café qu'ils boivent avec leur pain noir qui est un mélange de seigle

et de froment, ce pain est plus noir que du pain de seigle pur, mais ils ont une mine excellente. Ce sont pour la pleupart des hommes forts et tous blonds. Tant qu'à nous du 88e, nous avons aussi du pain noir à manger mais je le trouve très bon. Ce pain est de même couleur que le pain léger qu'on appelle le pain de son et que l'on vend à Rennes, c'est du froment pur et par conséquent très nourrissant. Pour moi il n'y a que la couleur qui diffère mais je le trouve bon au goût. La sardine se vend aujourd'hui 3f le cent et si j'avais eu le temps, cet après-midi je t'aurais expédié 100. La semaine prochaine je vais t'arranger cela et je joindrai ma lettre que tu recevras

114

GUERRE EUROPÉENNE 1914
1 - BELLE-ISLE-EN-MER – Prisonniers Allemands
sous les murs de la Citadelle

Peu à peu, le ravitaillement devenant difficile pour un tel accroissement de la population, la mentalité à l'égard des prisonniers allemands se modifia. En février 1916, les services du contre-espionnage français eurent vent d'un projet ayant pour but l'évasion des officiers détenus dans la citadelle. Immédiatement la rumeur amplifia la nouvelle.

Les officiers quittèrent Belle-Ile sous forte escorte et il ne resta à la citadelle que des sous-officiers (dont 3 parvinrent d'ailleurs à s'évader en août 1919 à bord de la chaloupe de monsieur Dourilin). Pendant cette guerre, 247 combattants bellilois moururent.

Belle-Ile fut occupée par les troupes allemandes dès 1940. L'état de siège fut décrété et l'île mise en zone interdite en 1943. Les Bellilois manquèrent de denrées alimentaires, pétrole, bougies, vêtements, médicaments... L'électricité était réservée aux Allemands et les îliens en étaient réduits à s'éclairer avec des lampes alimentées par de l'huile de pèlerin ! (requins pêchés au large). Enfin les troupes françaises entrèrent dans le port du Palais le 10 mai 1945 sous les ovations de la population qui entonna la *Marseillaise*.

Les deux officiers, accompagnant le préfet du Morbihan, seraient le commandant Moreau et le général Borgnis Desbordes. Au cours de cette guerre, 28 Bellilois disparurent.

XI
Personnalités à Belle-Ile

La tragédienne Sarah Bernhardt découvrit Belle-Ile en 1893, à 50 ans, et acheta le fortin désaffecté de la pointe des Poulains en 1894. Quelques années plus tard, elle fit l'acquisition d'autres terres pour agrandir son domaine et y fit construire une villa d'un étage qu'elle appela *Les cinq parties du monde*, un atelier pour son ami le peintre Georges Clairin puis la villa *Lysiane* pour accueillir ses nombreux amis. Séjournant régulièrement à Belle-Ile, elle acquit, en 1909, le château de Penhoët à la mort de son propriétaire le baron Meunier du Houssoye (en empruntant une grosse somme d'argent). Sarah mourut à Paris le 26 mars 1923 sans avoir remboursé ses dettes. Le château de Penhoët (ci-dessus) fut détruit par les Allemands en 1944.

Après avoir transformé les meurtrières du fortin en fenêtres, Sarah fit construire des escaliers menant à la plage. "J'aime venir, chaque année dans cette île admirable au milieu de sa population simple et accueillante, goûter tout le charme de sa beauté sauvage, grandiose et puiser sous son ciel vivifiant et reposant de nouvelles forces artistiques" écrivait-elle. Adulée, Sarah fut une "star" avant l'heure. Sa propriété entourée de barbelés, attirait bon nombre de curieux (on ne parlait pas encore de "fans") qui désiraient voir leur idole !

Bien que laissant souvent des dettes chez ses fournisseurs, elle était considérée comme une bienfaitrice par les Bellilois. Le conseiller municipal Abel Craissac lui demanda de participer à la fête du "Pain pas cher" ce qu'elle accepta... avec la simplicité qui la caractérisait.

150 — BELLE-ILE-EN-MER
Réception de Sarah Bernhardt
à la Coopérative *La Belliloise*
18 Août 1912

La "diva" ne fut pas seulement un monstre sacré capricieux, exigeant et colérique. Elle fut aussi très généreuse. C'est grâce à elle que fut donc créée la coopérative de boulangerie qui fournissait aux Bellilois nécessiteux du "pain pas cher".

184. Belle-Isle-en-Mer
Réception de Madame Sarah BERNHARDT à la Coopérative de Boulangerie
Les Danses vont commencer

119

Le matin, après réception, dans sa chambre, de son personnel puis de son fils Maurice, Sarah faisait le tour de sa propriété, à pied quand sa jambe le lui permettait (elle fut amputée en 1915) ou en voiture à âne. Ici, devant la villa *Les 5 parties du monde* avec, de gauche à droite : le musicien Reynaldo Hahn, Pitou (son homme à tout faire), le peintre Clairin.

Après le déjeuner, sieste au Sarahtorium, à l'ombre des tamaris. De gauche à droite : Clairin, madame Hammacher, R. Hahn, Geoffroy, S. Seylor, Sarah, Pitou (debout) et Maurice Bernhardt. Les deux femmes étaient des amies de théâtre (elles avaient accompagné Sarah pendant sa tournée à Rio en 1891).

120

"Sur un terrain cimenté et teinté en bleu, invités et amis jouaient au tennis avec des balles rouges qui s'égaraient dans les tamaris malgré les petits ramasseurs de balles du village," écrit Lysiane Bernhardt, petite-fille de Sarah. Au premier plan, Maurice Bernhardt, partenaire privilégié de sa mère. Près du filet, Sarah qui avait horreur de perdre et se déplaçait peu, attend la balle.

A l'abreuvoir, faisant semblant de s'y désaltérer, de gauche à droite : Clairin, Hammacher, Hahn, Sarah, Geoffroy, Seylor et Pitou.

Sarah, dans son cabriolet tiré par Vermouth ou Cassis (un des chevaux qu'elle possédait) en promenade en ville, devant le siège de la Compagnie de navigation.

Le soir, lecture et discussions dans une salle du fortin. Peut-être était-il question de l'affaire Dreyfus : Sarah et Clairin étaient dreyfusards à l'inverse de Geoffroy. De gauche à droite : E. Geoffroy, S. Seylor, R. Hahn, Pitou (debout), Sarah, M. Hammacher et Clairin.

Sous la fenêtre de la villa Lysiane où se tient Reynaldo Hahn, le groupe formé par Clairin, Sarah, Geoffroy, Hammacher, Pitou et Seylor entonne peut-être en chœur l'hymne composé par Clairin : "Nous somme chez Dame Jolie ; Au bord du grand océan ; Et nous avons l'âme ravie ; Et nous sommes bougrement contents !"

Petite halte après la marche. Au fond, le fortin et le phare des Poulains.

En 1922, quelques mois avant sa mort, Sarah Bernhardt vint à Belle-Ile et repartit à bord du Solacroup.

Elle fut enterrée au Père Lachaise et non pas sur un rocher de la pointe des Poulains comme elle l'avait longtemps désiré.

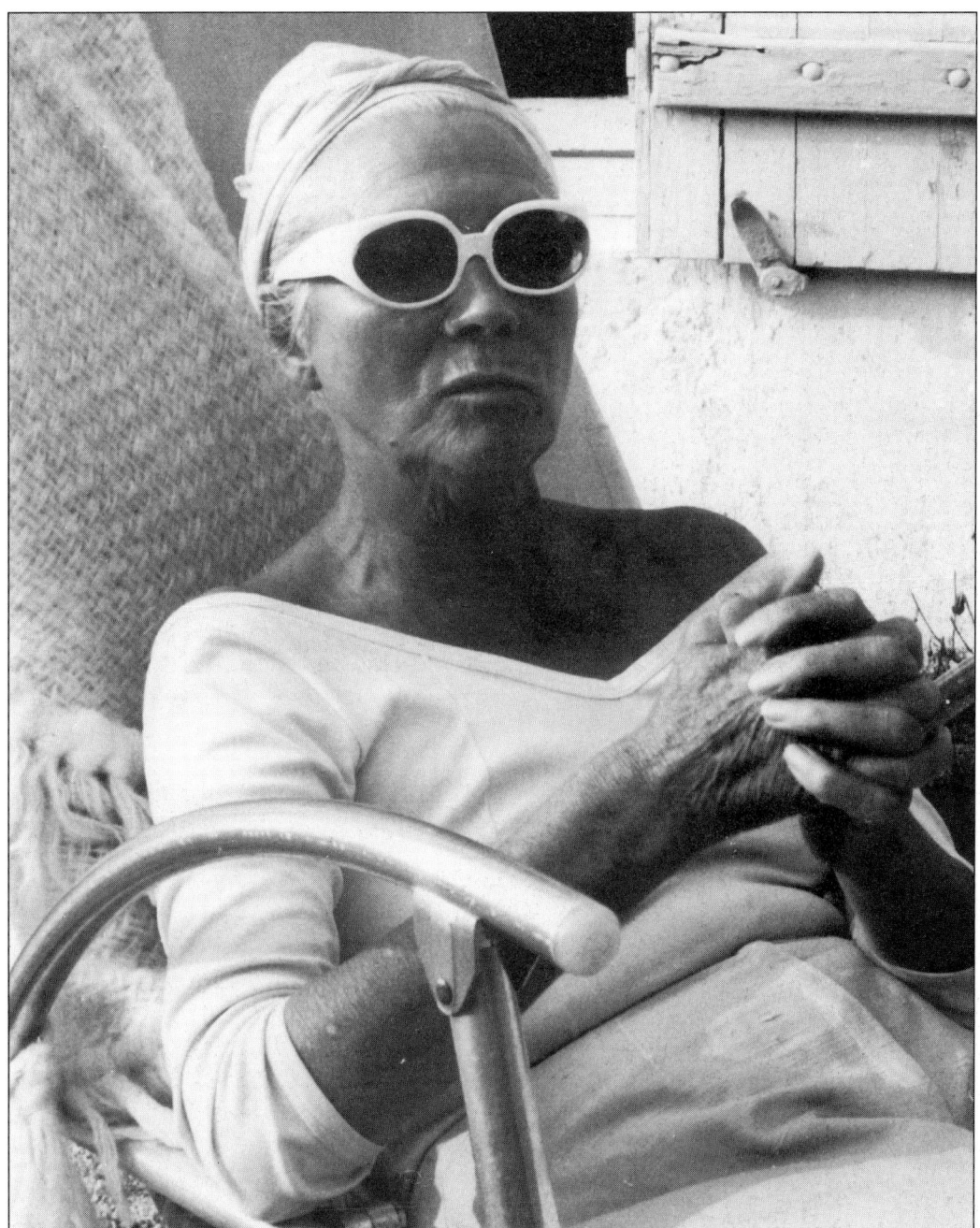

Née à Courbevoie en 1898, Léonie Bathiat, plus connue sous le nom d'Arletty, acheta une petite maison de pêcheur (sans eau ni électricité) à Donnant en 1947. Elle était venue à Belle-Ile pour y tourner dans le film de Carné et Prévert : *La Fleur de l'Age* après avoir joué dans *Les Enfants du Paradis*, *Le Jour se lève*, *Les Visiteurs du Soir*, *Hôtel du Nord*... C'est à Belle-Ile, le 1er juillet 1961 qu'elle apprit la mort de son ami Céline. C'est à Belle-Ile que le 13 juillet 1962, elle se trompa de gouttes oculaires et dut être transportée en avion à l'hôpital de Nantes. Elle devint presque totalement aveugle en 1966 mais continua à séjourner à Belle-Ile jusqu'en 1975. Ci-dessus, devant sa maison de Donnant.

Alexandre Trauner, mort en décembre 1993, décorateur de cinéma dont le nom est associé à celui de Carné, conçut les décors de *La Fleur de l'Age* (qui, à l'origine, devait s'intituler *L'île des enfants perdus*), film inspiré au scénariste Jacques Prévert par une révolte à la maison de redressement de Belle-Ile. A la suite de nombreuses difficultés (dont les conditions atmosphériques), le tournage fut interrompu en 1947 et le film ne fut jamais achevé. La distribution réunissait autour d'Arletty et de Serge Reggiani : Martine Carol, Anouk Aimée, Paul Meurisse, Carette, Jean Tissier, Ivan Desny, Margot Lion et bien d'autres... Ci-dessus, un dessin original d'Alexandre Trauner.

"C'est le 14 juillet... La fête bat son plein... Des tables ont été dressées sur le quai... Sur une partie de l'estrade décorée de guirlandes et de lampions, quatre musiciens jouent une valse. Florence (Arletty) et Olivier (Jean Tissier) tournent parmi les danseurs." (Texte du scénario de Prévert).

De nombreuses scènes se passaient à bord d'un yacht (où venait d'ailleurs se réfugier le jeune détenu évadé, Serge Reggiani) : sur le transat, Carette ; à la barre, Maurice Teynac ; et accoudée au bastingage, Arletty.

De gauche à droite : Jean Tissier, Maurice Teynac, Margot Lion et Ivan Desny.

Bibliographie

Belle-Ile : histoire politique, religieuse et militaire, Léandre Le Gallen.
Histoire de Belle-Ile en mer, monsieur Chasle de la Touche.
La Citadelle de l'Atlantique : histoire de Belle-Ile-en-mer, Yvonne Lanco.
Guide du touriste : Belle-Ile, Ed. Le Bihan.
Belle-Ile en mer, André Gallenne.
Guide du Syndicat d'initiative du Morbihan, 1925.
Autour des îles bretonnes, Th.Caradec.
Sarah Bernhardt, ma grand-mère, Lysiane Bernhardt.
Belle-Ile, Houat, Hoëdic, le poids de l'insularité, Brigitte Dumortier
La Citadelle de Belle-Ile, Georges Lanco.
Trois mois à Belle-Isle en mer, Eva Jouan.
Revue Icare : Les ballons du siège 1870-1871.

Remerciements

Nous remercions Yves Archimbaud, François Billeray, René Gautrain, Marcel Guern, Paul Le Hir et l'A.S.B.I pour leur aide amicale.